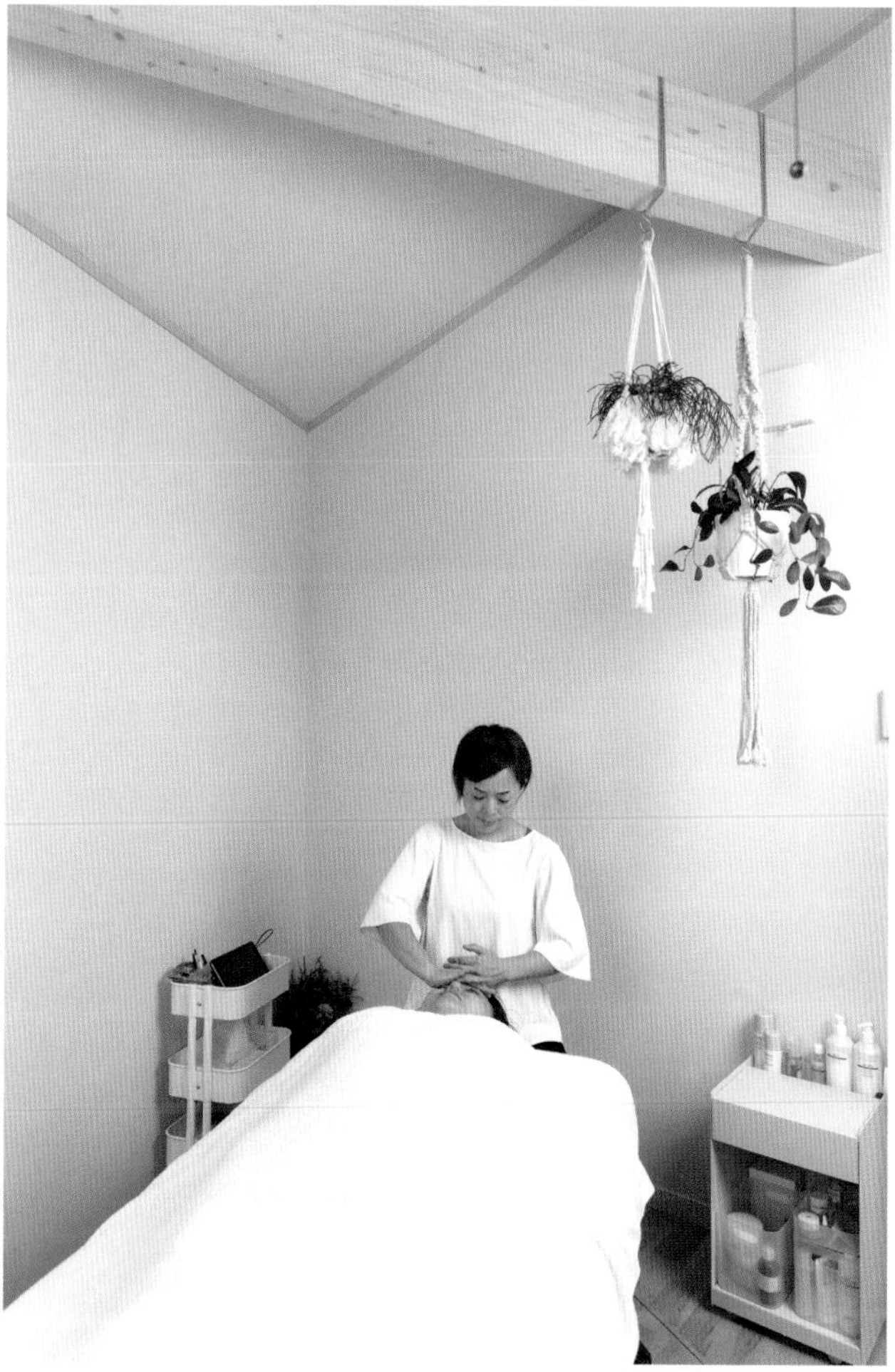

のぞみさんのエステサロンにて（本文8ページ）。

秋のうららかな陽を浴びて。
相原さんの農場ではニンジンの緑の葉がきれいに揃っていた（本文34ページ）。

1回のフェイシャルで…。

すっぴんのショットが
インスタでバズった。

CS60開発者 西村さんと
じっくり話し込んだ（本文58ページ）。

藤沢市郊外に広がる
相原農場。

毎週届く相原さんの
セット野菜たち。

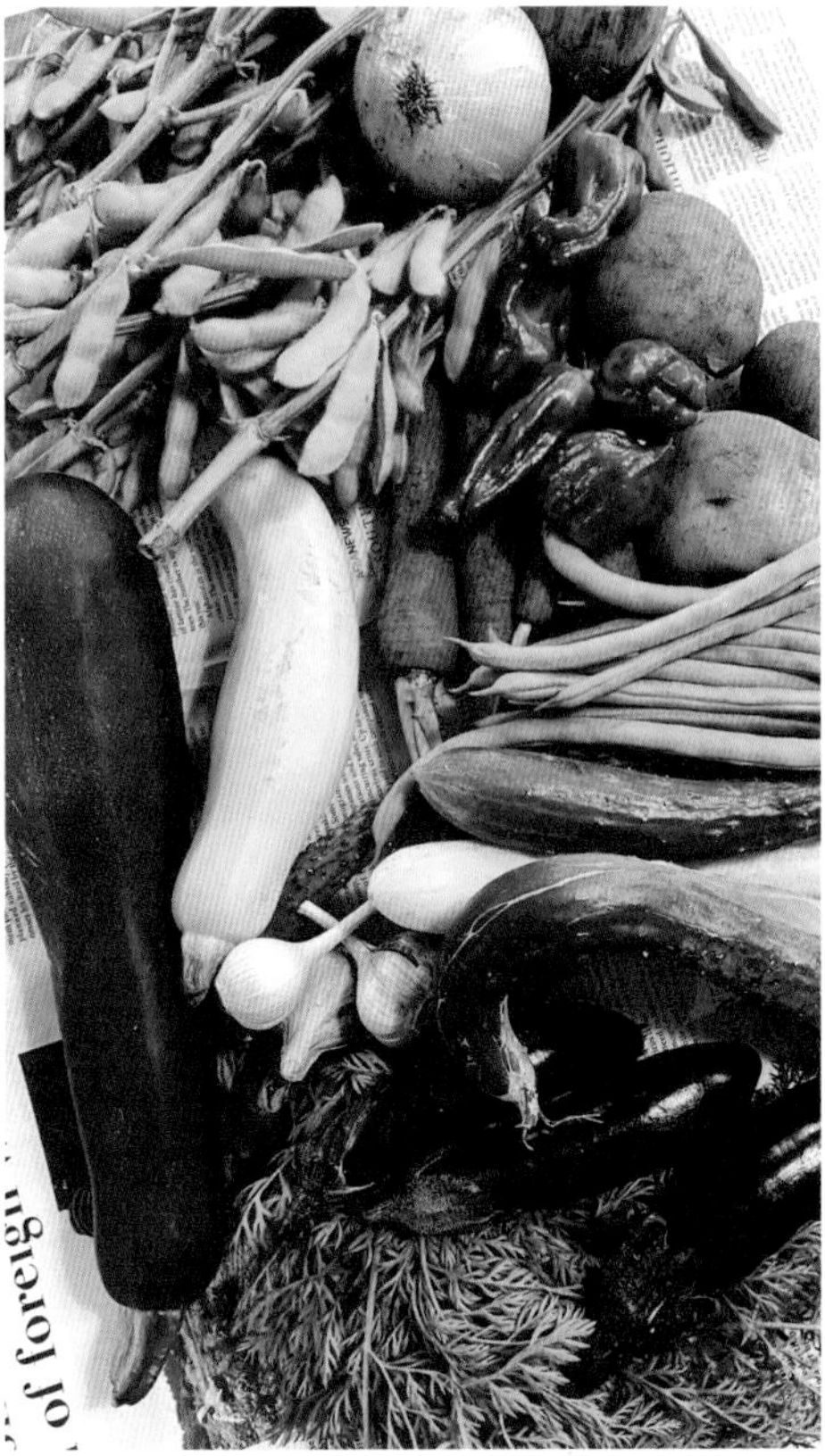

「野菜のチカラ」に目覚めた頃。

「さいさい」教室で習った
野菜レシピの数々。

60歳からの自然美肌

——オーガニックビューティ・ライフ

杉田かおる

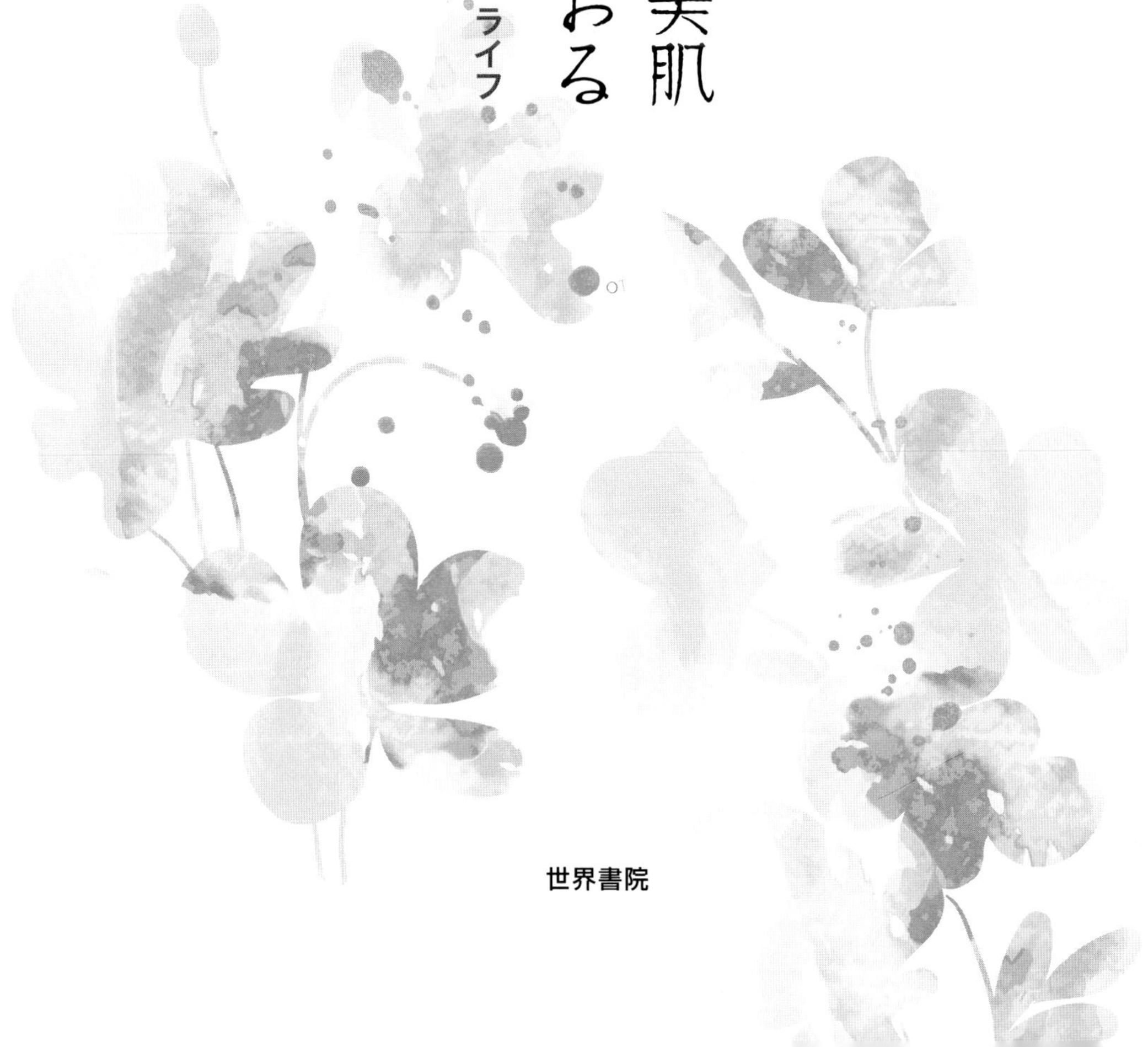

世界書院

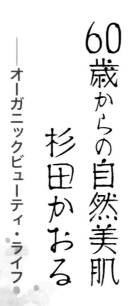

はじめに

いきなり年齢《とし》の話で恐縮ですが、もうすぐ60歳。還暦を目前にしてさまざまなことを考えます。

役者として7歳でデビューして、2022年には50周年を迎えることができました。半世紀にわたって現役を続けてこられたこれまでの軌跡を振り返り、私なりに体験した健康と美肌にまつわるいくつかの出逢いについて、感謝を込めてお伝えしたいと思います。

女優という仕事柄、心身のケアにはそれなりに気を使ってきたつもりですが、半年ほど前にちょっとしたハプニングがありました。なんと、つぎのような記事がヤフー・ニュースのトップに挙げられたんです。

「俳優の杉田かおるさんは5月20日、自身のInstagramを更新。すっぴんの57歳最新ショットを公開し、反響を呼んでいます。」

これに対してたくさんのコメントが寄せられていて、ちょっと気恥ずかしいですが、いくつか紹介すると……。

「エステに行った直後の姿です。すっぴんで写真に納まっています。肌は白くかなりきれいで、まさか57歳とは思えないほどです。」

「かおるちゃん、全然年取ってない。なぜ?」

などなど。いえね、自慢じゃなくて、それほど皆さん、素顔の美肌に関心が高いんだなぁって思ったんです。

そんなわけで、まずは実際に「顔が小さくなった!」エステ体験の話から始めましょう（Chapter 1)。

つづいてChapter 2では、自然農との出逢いから始まった「食と健康と美容」のビューティ・ライフについて、詳しくご紹介します。

そしてChapter 3では、ずっと病弱だった私の身体が半年で蘇生した「60兆個の細胞を蘇らせる?!」健康革命への理解についてお話しします。

巻末には皆さんがビューティ・ライフをご自分で実践するセルフケアのためのアクセス・ガイドをリストアップしましたので、参考にしていただければ幸いです。

目次

Chapter 3

Chapter 1

「顔が小さくなった！」エステ体験

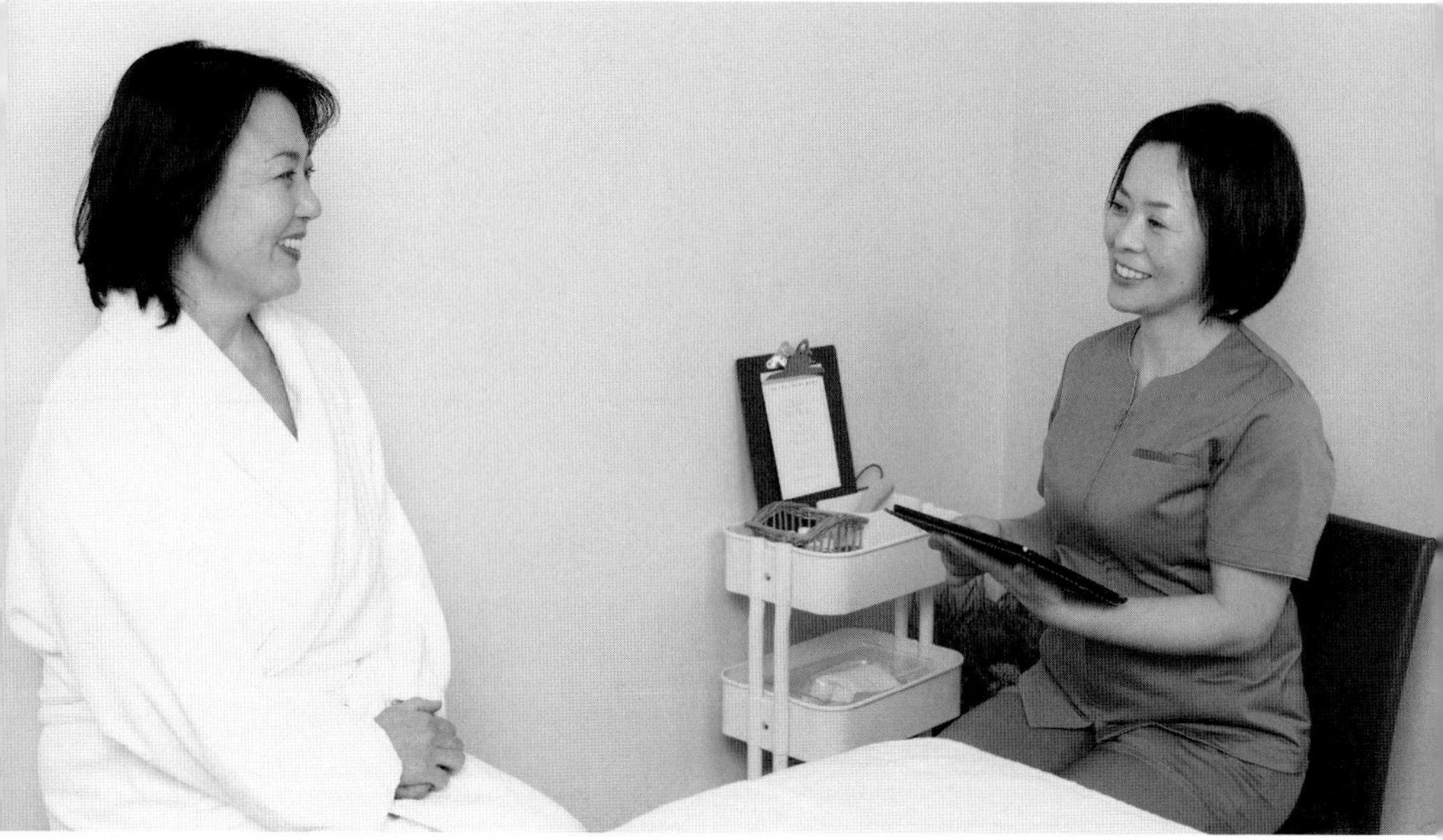

エステティシャンとの対話

2022年に芸能生活50年を迎え、50代も終わりに近づいたいま、30代、40代のバラエティ中心だった頃とはだいぶ違ったステージに入ってきたように感じています。役の幅も広がり、俳優としては本当にやりがいを感じながら演じさせていただいています。

なにしろテレビは4K・8Kの時代です。アップになってもそれに耐えられる準備だけはしておかないと。もうすぐ60歳、アラカンです。もちろんシワ・シミ・タルミは気になっていますから、ある撮影の前日に、知り合いのエステティシャンの方にフェイシャルをお願いしたんです。

で、翌日。撮影の現場に行ってみたら、スタッフの人が「あれっ、杉田さん顔がちっちゃくなってますね」っていうんです。自分でも顔全体にしまったという感じはあったんですけれど、1回のフェイシャルで他人が見てわかるほどの違いができるなんて、正直いって驚きでした。

というわけで、仕事復帰にあたって強力な助っ人となったスペシャリストをご紹介しましょう。ここからはそのエステティシャン、神奈川県大磯にご自分のサロンをもつ土《つち》屋《や》希望《のぞみ》さんとの一問一答です。

＊　＊　＊

かおる　あらためまして。撮影のたびにお世話になっています。このサロンはいつからですか？

のぞみ　オープンは２０２０年です。かおるさんには久しぶりにお会いして。日頃からオーガニックな食にも気を遣われているので、すっぴんでも元がいいですから。

かおる　あの時はライム病[*1]からの病み上がりで、顔の状態もかなりひどかったんです。

のぞみ　そうですね、基本的にお綺麗ですがクスミが少し気になりました。それで、私がもっているいくつかのブランド（技法）の中から、化粧品と技術の組み合わせにこだわって、その人の瞬間の肌を見極めた「オートクチュール・トリートメント」を提供するフランスの「Biologique Recherche（ビオロジック・ルシェルシュ）」（以下ＢＲ）というブランドを使うことにしました。
　エイジングを重ねると、悩みは1つではなくて、目の周りのシワ予防だったり、フェイスラインのリフトアップだったり、シミ改善だったり、より複雑で複合的なものになります。ＢＲはそうしたテーマに総合的に対応できるところが魅力です。

かおる　フェイシャルの詳しい内容については、このあと具体的に紹介していただくとして、のぞみさんの経歴について少し聞かせてください。

のぞみ　はい。日本の美容師専門学校を卒業したのち、「クリームバス」というヘアトリートメントで頭皮をほぐす、バリ島の伝統的な技術を提供するヘアサロンで働きました。そこでマッサージという技術に興味がわいて、さらにフェイシャルやボディトリートメントを英語で学んで経験を積むために渡米し、カリフォルニアの「エレガントビューティカレッジ」のエステ科で勉強しました。ところが、あの9・11[*2]の直後でワーキングビザが取れず、仕方なく帰国することにしたのです。

かおる　それで帰国されてからも、いろいろ勉強されたそうですね。

のぞみ　はい。マッサージといっても、ブランドごとにさまざまなテクニックがあります。スウェディッシュ、バリニーズ[*3]、指圧や、ハワイのロミロミ[*4]、タイ古式などですね。

かおる　私も職業柄、いろいろなエステ体験をしてきましたけど、のぞみさんの対応力というか、ハンドテクニックはそうした幅広い体験から生まれたものでしょうね。

のぞみ　とにかくその時のお肌の状態を拝見し、ヒアリングして、その方に合った最適な製品と技法を選択するようにしています。その人その人で、またその時その時で状態は変わりますから。ハンドテクニックに関していえば、例えば、バリニーズの方は手が違います。生まれた時からマッサージをしたりされたり、ふつうに身近な体験としてあるので、とても気持ちのよい手をしていて、うらやましいです。

かおる　ほかにはどんな国のブランドがありますか？

のぞみ　そうですね。ヨーロッパでは、アロマセラピー[*5]が強いイギリス、美容大国のスペインや、オーガニック・ハーブのドイツなど。東洋では、5千年以上の美容と健康に特化したアーユルヴェーダ[*6]をもつインドなどがあります。

かおる　そんな中でフランス？

のぞみ　そうですね。とにかくフランスは美容に関する競争が激しくて、いいものしか生き残れません。ＢＲはフランス人の美容家なら知る人ぞ知る、伝統的な歴史と実績、そして情熱にあふれた人たちによって作られた本物のスキンケアブランドで、シャンゼリゼ通りの真ん中に本店を構えています。向こうでは男性もエステに関心が高く、サッカー選手やデザイナー、モデルなど著名人も多く通っています。

＊＊＊

BRフェイシャルの詳しい手順

それでは、ＢＲの実際のフェイシャルとトリートメントについて、のぞみさんに詳しく紹介していただくことにしましょう。

●スキンインスタント（瞬間肌）という考え方

肌の見極め方に、ＢＲの最大の特長があります。肌をタイプ別、つまり敏感肌とか乾燥肌とかオイリー肌とかではなく、また老化によるエイジングのレベルで判断するのではなく、その時の瞬間の肌の状態を見極めて、その人に合った化粧品と技術をカスタマイズします。

これがスキンインスタントという大事な考え方です。

実際、肌の状態は十人十色どころではなく、同じ人でも四季によっても左右されるし、精神状態やホルモンバランスの乱れによっても、どんどん変化します。３６５日24時間、変化しますから、その瞬間の見極めがとても重要になります。ふつうは肌のタイプ別に合わせた製品を用いるわけですが、ＢＲには人間の肌はもっともっと複雑なものだという理解が根底にあます。肌の悩みというのは1つではなく、5つくらい重なっていたりするものです。ですから、その時のその人なりのスキンインスタントを見極めてカスタマイズをすることで、しっかり結果にもつながるのだと思います。

●デコルテを準備する

フェイシャルといっても、顔だけではなく、まずはデコルテ[*7]全体をきれいにすることから始めます。

鎖骨から下、首とバストの間ですね。全身のリンパが最終的に戻ってくるところが脇の下から鎖骨の周りですから、そこの流れがよくなれば、顔のクスミや肩こりがなくなって、顔色も明るくなります。ですから、まずはリンパ節や筋肉をメソッドに沿って活性化することで、しっかり老廃物を流します。とくに女性の場合はバストがあるのでここに老廃物がたまりやすいですから。

●クレンジングにも美容成分を

ここからは実際にフェイスへの働きかけに入ります。クレンジングというと、ふつうはただ汚れを落とせばいいという考えですが、ＢＲではこの段階から「クレンジングミルク」に肌に変化を与える美容成分を高濃度に加えることで、結果につながるようにします。例えば、ヒアルロン酸[*8]ひとつをとっても１％の製品か、10％の製品か、20％の製品か、濃度で結果がまったく変わってきます。クレンザーに香料や水、保存料ではなく、20％以上の美容成分が入っているというのは、かなり濃いレベルです。

メイク落としの前提として、油の汚れを落さなければその後の成分が入っていかないわけですが、そのためには、ジェル、オイル、クリーム、ミルクといろいろなかたちがあります。ＢＲではミルク（乳液）を採用しています。肌を乾燥させない保湿効果のためです。この洗い流してしまう段階にも美容成分を入れているのは、かなりユニークだと思います。

●フェイシャルは左右の比較から

つぎに顔への働きかけですが、フェイシャルというと、ふつうは下から上へという流れですが、ＢＲではその人の顔の左と右をタテに比べて、弱い（下がっている）サイドを強いサイドに揃えるようにします。人体はア・シンメトリー（左右不均衡）にできているので、まずは弱い方により時間をかけて、バランスを改善します。

●古い角質を落とす

人間の肌は20歳を過ぎるとエイジングが始まります。左右差がより強く出てきたり、老化によってシミが出てきたりシワが深くなるとかですね。なのでクレンジングのあと、古い角質を落とすプロセスに入ります。この古い角質は乾いたウロコのようなもので、これがクスミやシミやタルミにつながる要因です。

肌の古い細胞が剥がれ落ちる周期をターンオーバーといいますが、女性の場合、これが生理とほぼ同じ23日から28日の周期で起こるとされています。ところがエイジングとともに、その周期は遅くなっていきますから、角質ケアによって意図的に落として、下から新しい細胞が出てきやすくするのです。

ケミカルピーリング*9というと医師が行うものという強いイメージがありますが、エステサロンでもある濃度までの酸を使う「エクスフォリエーション（古い角質剥離）」を行うことができます。これによってエイジングサインが緩和できれば肌にハリが出て、明るくなる効果が期待できます。この角質ケア・ローションが、BRの化粧製品の中でもっとも有名な「ローションP50」です。

これは全世界のすべてのスキンケアブランドの中で、トップ10に入っている主力製品です。角質ケアをホームケアの中で使っている人というのは、かなりスキンケア意識の高い人で、日本では少ないですが、欧米の女性は大好きですね。

●ブースターで新しい技法を開発

そして、一連のトリートメントの中でいちばん大事なブースターという工程に入ります。名前のとおりブースト、つまり機能を高め活性化させる、大事なプロセスです。

これには7種類の技法（技術と製品）があって、その日のその人のスキンインスタントにもっとも適したものを選択します。多くの場合、製品を肌タイプ別に使ったとしてもフェイシャル・テクニックは同じですが、BRではブースターの効果がより期待できるように、それぞれのブースターで製品が違うのはもちろんのこと、異なるテクニックを採用するので、ここも大きな特長です。かおるさんの場合は、老廃物を排出して保湿効果のある「ドレナージュ」という技法を採択しているので、フェイスラインがピタッと引き締まり、肌全体が明るくなり、透明感と健康的なツヤが出ます。

BRの創設者であるイヴァン・アリューシュは、もともと世界的に有名なハイブランドの化粧品の開発者でしたが、フランス人の好きな香料や人気モデルを使うためのパッケージコストにお金がかかっている現状にジレンマを抱えていました。そこで、肌に本当にいい製品を自ら開発しようと考えて、新しいブランドを立ち上げました。

一方、イヴァンの奥さんのジョゼットは、リハビリなどのテクニックを実践してきた理学療法士です。エステの世界では、テクニックを教えて人を育てるのが時間もかかるし難しいため、極端な話、誰がやってもある程度の結果が出せるように製品のレベルがどんどんよくなっているのが現状です。私も一度ジョゼットさんにお会いしましたが、そんな中でBRにはテクニックにこだわってブランドづくりをしてきた経緯があって、そういうこだわりのあるところが、私がこのブランドを長く支持している理由のひとつです。

美容専門のエディターやライター、著名エステティシャンなどプロが好むブランドである理由もそこにありますね。パリコレ[*10]のモデルさんたちは食べないからガリガリに痩せていて、おまけにタバコが大好きですから顔色も悪い。ですからパリコレの前になると、駆け込み寺のようにパリのBR本店に来たりします。

●マスクで肌を冷やし鎮静化する

ＢＲではブースターの段階でぐっと美容成分を入れるので、顔に赤みが出たり火照りが出たりしますから、マスク[*11]という工程で肌を冷やして鎮静化を図ります。要は肌を落ち着いた状態に戻すわけです。ここまでが「イニシャライゼーション（初期化）・ステージ」、つまりここからの吸収を最大限に引き上げる土壌づくりです。肌の表面をきれいな土壌に整えます。

●フィニッシングセラムで自然美肌に仕上げる

このあといよいよ「トリートメント・ステージ」で仕上げに入ります。肌に最大限の栄養を与えるために、セラム（美容液）、クリームと美容成分を上げていき、最後にフィニッシングセラムというカテゴリーでクリームの上に外的刺激から肌を守るための保護膜（シールド）をつくります。これによって肌を明るく見せる、きれいに見せる、ツヤを出すという改善策を目指します。

ひと言でいえば、ファンデーションがいらない肌、ということです。ファンデーションはその言葉どおり、地肌のマイナス面を塗って隠して美しく見せる化粧品ですが、本来なら隠さなくても美しく見える、透明感があるというのが理想ですよね。自分の肌がそのままできれいに見える、自然に見える美肌。それが、私がブランドを通して目指しているものです。

＊＊＊

自宅でできるセルフスキンケア・マニュアル

つぎに、自然の美肌を保つための秘訣として、自宅でできる日頃のスキンケアについて、のぞみさんにアドバイスしていただきました（巻末のカラーページを参照してください）。

●ダブル・クレンジング

まず1回目のクレンジングは、肌質やメイク度合いに合わせて顔の表面の汚れを落とします。オイリー肌の方や、メイクをしっかりしている方はオイルやバーム状（柔らかいワックス）のもの

2回目のクレンジング
首までしっかり

がおすすめです。乾燥肌の方にはミルクタイプのものがおすすめです。

この時にあまり強くゴシゴシこすらないこと。あくまで表面のメイクや汚れを取るだけなので、肌に負担が少なくてすむように、やさしく軽く円を描くようにクレンザーをなじませます。そのあとのすすぎはしっかりと。最低でも10回はすすぐとよいでしょう。ただし、お湯は肌を乾燥させ敏感にさせてしまうのでNGです。常温の水でたっぷりと。冬場は水が冷たいかもしれませんので、ぬるま湯程度ならOKです。

きちんと表面の汚れが落ちた状態で、2回目のクレンジングに入ります。これは肌への働きかけが目的なので、1回目よりも少ししっかりめに。顔だけでなく、首までしっかりクレンザーをつけましょう。できれば、肌を乾燥させないミルクタイプのクレンザーがおすすめです。バームでもよいですね。

老廃物を流す

鎖骨をチョキで挟むように老廃物を流す

フェイスラインを流す

まずは鎖骨をチョキの指で挟むようにして（左指で右の鎖骨を、右指で左の鎖骨を）内側から外側に向かって指が自然に止まるところまでこすって、老廃物を流します。左右交互に、3〜5回行いましょう。

つぎに耳下腺（みみたぶの裏）から鎖骨まで、筋肉の流れに沿って手のひらでやさしく流します。手のひらをできるだけ肌にぴったりと沿わせて流すと効果的です。

最後にフェイスラインを流します。両方の親指を顎骨の裏にセットし、両方の人差し指をカギ状にして、顎先から耳下腺までしっかりと流します。親指は耳下腺まで、人差し指は顎骨の上を通って耳たぶの前まで、ここに老廃物が溜まるので、少し痛く感じる方がいるかもしれませんが、やっているうちに老廃物が流れて痛みも少なくなってきますので、最低でも5回は流しましょう。ここが小顔ポイントです。

●フェイスラインを引き上げる

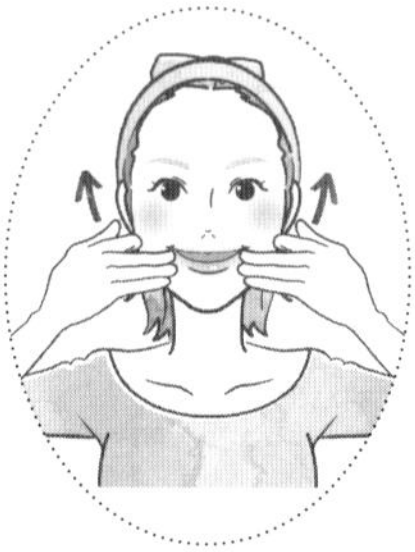
中指と薬指を使って
にっこりと笑顔に

口角から耳の前まで
左右４本の指で

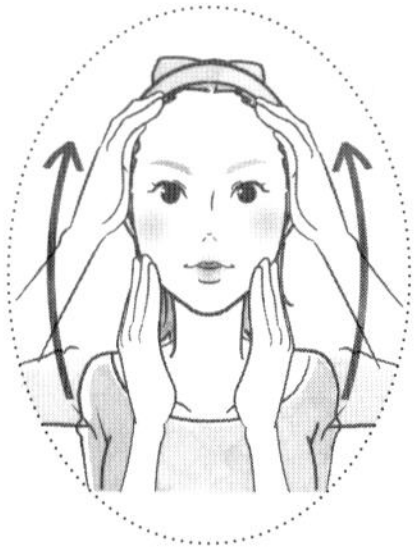
顎骨からこめかみまで
いっきに引き上げる

中指と薬指を使って顎先から口角を上げます。にっこり笑顔になるように引き上げます。ここからは３回程度ずつ同じ動きを繰り返しましょう。

そのまま中指と薬指を使って鼻下中央から、ほうれい線を広げるように頬骨に当たるところまで、引き上げるようにスライドさせます。ほうれい線が気になる方は少し多めに回数を増やしましょう。

つぎに、口角から耳の前まで左右の４本の指を使って引き上げます。しっかりめに引き上げて耳の前で止めましょう。止めた時に、そこを指先で押してあげるとさらにフェイスラインがスッキリします。

そのまま４本の指と手のひら全体を使って顎骨からこめかみまで、いっきに引き上げます。顔全体を包み込むように、噛み合わせの骨の上を通りながら頬を上に上にと引き上げて、最後に髪の生え際を４本の指でしっかり押します。

人差し指、中指、薬指を使って頬骨の下をしっかり流します。鼻の横からスタートして、自然に指が止まるところまで、深めに流します。これによって、顔が立体的になり、頬の位置がぐっと高くなります。

●仕上げ

左右の中指で目の下の骨に沿って3か所を押します。目頭、中央（黒目の真下）、目尻と順番に押していきます。これも3セット行いましょう。クマやタルミが気になる方は少し多めに押してもよいでしょう。

そのまま中指を使って、今度は目の上の骨に沿って3か所のポイントを押していきます。眉頭、中央（黒目の真上）、眉尻と進んでいきます。頭痛のある方は眉頭の回数を増やすとよいでしょう。

最後は手のひらで額全体を、下から上へしっかりと引き上げます。左から右へ、右から左へと、交互に引き上げながら、1往復

額全体を下から上へ
左右に一往復

目の下の骨に沿って
3か所を押す

しましょう。額のシワが気になる方は回数を多くするとよいです。締めは、親指から人差し指全体を、フェイスラインの生え際に沿って押さえます。

このあと、しっかりとまたすすぎを行います。冷水にするとより効果的です。仕上げはいつもどおりの化粧水、美容液（美容オイル）、クリームなどできちんと潤いを補給して肌を保護するようにしてください。

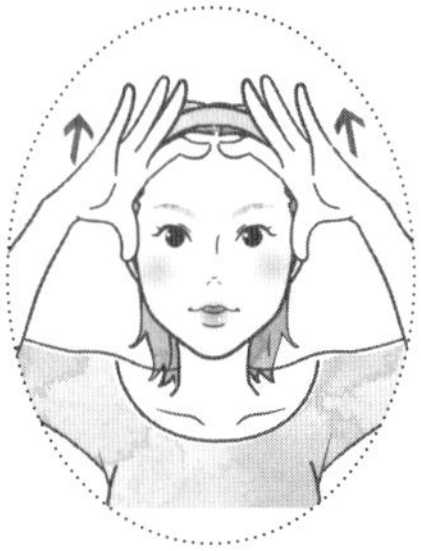

親指から人差し指で
フェイスラインの
生え際まで

●最後に

角質ケアをできる方は引きつづき行っていただき、吸収がよくなったところにパックをするとたいへん効果的です。週に1度はこのようなていねいなケアをすると、自然美肌を保てると思いますので、どうぞご活用ください。

＊　＊　＊

腸内環境が美肌を守る

美肌を支える要因は、身体の中が8割、表面が2割といわれています。この2割をいくら頑張っても、不摂生な生活をつづけていれば美しくなるものも美しくはなりません。そこで大事なのが腸内環境です。腸がきれいな状態に保たれているか否かで、肌の状態が左右されます。

そうした観点から、のぞみさんのサロンでは「腸活ランチ」というイベントも行っています。そのイベントの講師で料理研究家の小林《こばやし》泰子《やすこ》さんに、腸内環境の話を聞き、併せて泰子さんが実践している腸活飲料「ミキ」の作り方を教えていただきました。

●奄美大島の腸活飲料

最近「腸活」という言葉がよく聞かれるようになりました。腸は「第二の脳」ともいわれていて、「脳腸相関」が徐々に解明されつつあります。腸の役割としては、栄養や水分の吸収と老廃物や毒素の排出が挙げられますが、さらに大事な役割を担っていることがわかってきています。

腸内では「幸せホルモン」であるセロトニン*[12]の90%が、また

「やる気ホルモン」であるドーパミン[13]の50％が作られるといわれます。セロトニンが不足すると鬱《うつ》になりやすく、ドーパミンの不足はパーキンソン病[14]につながる可能性があると指摘されています。

また、免疫細胞の70％が腸内に存在していることや、腸内細菌がヒトの性格にも影響しているなど、毎年のように世界各地で面白い研究発表がされています。

私が近年、みなさんにおすすめしている腸活のための飲料が、奄美大島に古くから伝わる「ミキ」という発酵飲料です。奄美大島は日本でも有数の健康長寿の島として知られていますが、島の人々が大腸内にもっているビフィズス菌[15]（善玉菌）の数を調べたところ、日本人の平均よりきわめて多いことがわかったそうです。ふつう30歳男性の場合、ビフィズス菌の数はうんち1グラム当たり100億個で、それが老化とともに減少し、60歳では1億個と100分の1にまで減ってしまいます。ところが奄美大島では、70歳の平均が770億個と驚異的なデータが示されていて、これには「ミキ」の影響が大きいのではないかといわれているのです。

「ミキ」の作り方はとても簡単です。まずお米（500グラム）を洗って水（2リットル）を加え、鍋で芯がなくなるまで煮ておかゆを作ります。つぎにサツマイモ（100グラム）の皮をむいて水にさらしてからすり下ろします。そして、おかゆにサツマイモを加えてしっかりかき混ぜ、そのまま常温で夏なら1日、冬なら3日置いたらでき上がりです。1日に数回かき混ぜ、でき上がったら冷蔵庫に入れて発酵を止めて保存しましょう。

「ミキ」は1ccに1億個以上の乳酸菌が含まれています。毎日、おちょこ1杯をそのまま飲むのがオススメですが、お好みではちみつを加えたり、スムージーに入れたりしても美味しくいただけます。

BIOLOGIQUE RECHERCHE（BR）について

このブランドは、スキンケア専門家のフランス人家族によって、いまから45年前に創立された。父のイヴァン・アリューシュは生物科学者であり、皮膚の研究者、製品開発者。母のジョゼット・アリューシュは理学療法士でありエステティシャン。息子のフィリップ・アリューシュは皮膚病理学と内科の医師。

現在、世界各国のホテルスパ、高級エステサロン、メディカルスパ、病院などとパートナーシップを結んで、ヨーロッパ、中東、アジア、アメリカ、アフリカの70か国で展開している。

製品は１００％フランスで生産されており、高濃度の美容成分を配合する。アレルギー反応を避けるため人工の香料を使わない、活性成分を活かすためコールド製法による成分抽出、などの特性をもつ。

脚注

＊1　ライム病：野生のダニによって媒介される細菌・スピロヘータによる感染症。関節炎、皮膚炎、髄膜炎、心筋炎などの症状が見られる。Chapter 3で詳述。

＊2　9・11：2001年9月11日の朝、イスラム過激派テロ組織「アルカイダ」によって実行されたアメリカ合衆国に対する4件の連携したテロ攻撃事件。ニューヨークのワールドトレードセンタービルほかが破壊され、全世界に衝撃を与えた。

＊3　バリニーズ：バリニーズマッサージはインドネシアのバリ島に古くから伝わる伝統的なマッサージ。王族の健康回復や女王、王女のための美容術として使われてきた。

＊4　ロミロミ：ハワイ語で「揉む」の意味で、オイルなどを用いながら全身を揉みほぐすもの。施術者による精神的な働きかけも重要とされる。

＊5　アロマセラピー：植物から抽出される精油（エッセンシャルオイル）を使って、心身のトラブルを穏やかに回復させ、健康や美容に役立てていく自然療法。

＊6　アーユルヴェーダ：インド大陸の伝統的医学。ユナニ（ギリシャ・アラビア）医学、中国医学とともに世界3大医学のひとつとされる。

＊7　デコルテ：胸元から首筋、肩まわりなど、脇の上から首までの広い範囲を指す。ローブデコルテは婦人の夜の正装で、首から肩の部分を大きく露出したワンピース。

＊8　ヒアルロン酸：人間の体内に存在するきわめて保水性の高い成分。その保湿力によって肌や目の潤いを保ち、関節などでは身体をスムーズに動かすクッションの役割を担う。

＊9　ケミカルピーリング：肌の角質を取り除く美容治療。グリコール酸などの薬剤を塗布することで、汚れた角質や表皮を剥がす。同時に、肌の表皮の新陳代謝であるターンオーバーを整える。

＊10　パリコレ：「パリ・コレクション」の略称。フランスのパリにおいて服飾ブランド

が各自で行う新作発表会の総称で、春夏コレクションと秋冬コレクションの年2回開催されている。

＊11 マスク：ここでは風邪やコロナ対応のマスクではなく、エイジングケアのために化粧水や乳液で顔を覆う美容マスクの意味。

＊12 セロトニン：必須アミノ酸であるトリプトファンから生合成される脳内の神経伝達物質のひとつ。精神を安定させる働きのほか、生体リズム、睡眠、体温調整などに関与するとされる。

＊13 ドーパミン：脳の神経伝達物質のひとつで、運動調節、ホルモン調節、快さの感情、意欲、学習などに関わる。

＊14 パーキンソン病：脳の神経伝達物質であるドーパミンの減少によって起こる病気。4大症状として、①何もしていないのに手足の震えが起こる、②筋肉が硬くなり、こわばる、③動きが鈍くなり、素早く動くことができなくなる。④体のバランスがとれなくなり、転びやすくなる、が挙げられる。50～60代の更年期から初老期にかけて発症することが多い。

＊15 ビフィズス菌：乳糖やオリゴ糖を分解して乳酸や酢酸をつくることで、善玉菌として腸内の環境を整えるほか、花粉症などアレルギー症状の緩和にも貢献することがわかってきている。

Chapter 2

有機野菜で オーガニックビューティ

自然農との出逢い

子役時代から青春時代を経て、30代、40代はドラマ以外のバラエティ番組にも同時に出演して「毒舌」キャラを演じていました。100キロマラソンやスカイダイビングなんていう、まさにカラダを張ったお仕事もありました っけ。生きるためにさまざまな仕事をこなしながら、本来の自分は何なんだろう？　なんて自問自答をしていた時に遭遇したのが、あの東日本大震災でした。

忘れもしない3月11日、私は撮影のために京都に向かう新幹線の中でした。電車が徐行運転になり、四苦八苦しながら京都にたどり着いたものの、母や妹のことが心配でなりません。つぎの日にはなんとか連絡を取り合って京都に家族を呼び寄せ、その足で母の故郷である福岡に向かいました。母にとっては何十年ぶりかの里帰りです。母が亡くなり妹も嫁に行ったいまとなっては、一時的な避難としてのこの福岡暮らしは、私と母と妹にとって３人で過ごした楽しい旅の想い出となっています。

40代半ばで自分でもイヤになるくらい太ってしまって、たまたまテレビ番組の企画でダイエットに挑戦したころからオーガニック野菜に目覚めてきましたので、福岡でも無農薬の野菜を作っている人を探していました。そんな中で地元テレビ局の知り合いに紹介されたのが、松尾靖子《まつおやすこ》さんでした。東日本大震災から2か月後の5月半ばのことです。

松尾さんは長年、福岡県糸島市で「松尾ほのぼの農園」を営んでいて、お米をはじめ年間150種類もの季節に応じた野菜や果物を「自然農」という方法で栽培していました。自然農では、農薬や化学肥料をいっさい使わないばかりか、土壌を耕さず、雑草や虫も排除しないで、あくまで自然との共存を図りながら作物を育てています。それでいて作物は立派に育ち、しかも作物本来の美味しさが活かされている。私にとって、それは衝撃的な出逢いでした。

福岡と東京を行き来する生活を送った1年余りの日々、私は妹の直子ちゃんと一緒に松尾さんの「自然農塾」に通い、また農園の一部をお借りして実際の農作業を学びました。

残念なことに、松尾さんはいまから10年ほど前に病のため他界されましたが、彼女の晩年に歌手の加藤登紀子さんたちと一緒にヒマラヤの小国ブータンを訪ねた旅はいい想い出です。ご存じの方が多いと思いますが、ブータンはGNP（国民総生産）ではなくGNH（国民総幸福度）という指標を掲げていることが知られていますね。松尾さんが実践した自然農については、2014年に出版された『ようこそ、ほのぼの農園へ』（松尾靖子著、地湧社刊）に詳しいので、ご興味をもたれた方はお読みください。

オーガニックライフに目覚める

私が「野菜のチカラ」に目覚めた体験については、2010年に出版した『杉田かおるのオーガニックライフ』（TRF-J刊）に詳しく書きました。あらためてその中から簡単に体験の経緯を振り返ってみることにします。

きっかけは、40代も半ばにさしかかった頃のこと。収録中のドラマ「夫婦道」シリーズ2のモニターを見て、呆然としました。お腹のだぶつき、二重あご、肩から二の腕のがっちり感、座布団のような背中……。まずい、まずすぎる。このままでは50歳までに私の身体はいったいどうなってしまうのか。

なりゆき任せで生きてきた私も、激しい危機感に襲われたのです。タイミングのいいことにテレビ番組の企画でダイエットに挑戦するお話をいただき、ダイエット生活がスタートしました。

ダイエットの基本は、3食バランスよく、野菜を多めに摂ること。それまでの私は、とにかく肉食一辺倒です。母と2人で肉だけのすき焼きをつついたり、マクドナルドに行ってもハンバーガーの玉ネギは抜いてもらったり。

小学生のときに担任の先生から「生野菜には農薬がかかっているからよく洗って食べましょう」といわれたことがトラウマになっていて、「生野菜は危険で、まずい」という思い込みが刷り込まれていたんですね。折り紙つきの野菜嫌いでした。

そんな私が一転して、「野菜は美味しい」と感じる体験をしたのが、あるオーガニック・レストランの方から紹介された有機栽培の野菜でした。生まれて初めて「美味しい」と思って食べた記念すべき生野菜は、オーガニックの葉玉ネギです。ひと口かじった瞬間、甘くて、美味しい！と感じたのです。ちょっと大げさですが、感動的な発見でした。

ここから私なりに「オーガニック」を追究する旅が始まりました。本を読んだりネットで調べたり、実際に有機農家の畑を訪ねたり。

オーガニックの農作物は、農薬や化学肥料を使わず、堆肥などの有機肥料と土の中に棲む微生物や菌類などの力を生かして作られます。土中の微生物が堆肥を分解する過程でできるミネラル類や有効成分が作物に吸収され、味わいが深く栄養を蓄えた野菜や果物ができるのです。

農薬や化学肥料の怖さについても知りました。使われた農薬が分解されきらずに作物に残ってしまうのが残留農薬です。これを大量に摂取すると、正常な細胞ががん細胞に変異したり、染色体に異常が出たり、万病の元といわれる活性酸素[*16]を発生させるなどの危険が指摘されています。

また、長年にわたって化学肥料を使いすぎたことで、結果的に土壌が痩せてしまい、いまの野菜は20年前の野菜に比べて栄養価が大幅に低下している、という公的なデータもあります。

身体の中から健康で美しく

もうひとつ、オーガニックライフを実践する中で学んだのが、「酵素栄養学」でした。「酵素」は、胃腸、肝臓、心臓など体内の働きを助けてくれる、とても大事な栄養素で、大きく分けると人間の体内にある「潜在酵素」と、食物など外部のものから摂り入れる「食物酵素」の2種類があります。その「潜在酵素」はさらに、食物を消化する「消化酵素」と生命維持の活動に使われる「代謝酵素」の2種類に分かれます。

とくに「代謝酵素」は40代から減り始めるといわれており、40歳を過ぎると以前と同じように食べているのに太ってしまうのは、そんなメカニズムが働いたためなのかと気づきました。減っていく体内の酵素を補うためには、外から摂る「食物酵素」を増やす必要があるということになりますね。

ただし、酵素は熱に弱く、48度に加熱すると壊れ始めて60度で活性を失うという特性があるといわれます。ですから、元気な酵素をたっぷり摂るためには、オーガニックの野菜や果物を生のままたくさん食べるのがいちばんいい、ということになるわけです。

　こんなふうにして、遅まきながら私のオーガニックライフが始まったわけですが、しばらくして気がつくと、カサついていた肌がすべすべになり、以前より艶も出てきた実感がありました。撮影の時にヘアメイクさんも「5年前より若い肌になっている」と驚いていたくらいです。

　それ以来、日常の献立に使う味噌、しょう油、塩などの調味料、シャンプーやトリートメントなどの生活用品、大好きなワインも、オーガニックを心がけるようにしています。

　食べるものをオーガニックにシフトした結果、身体の中から健康になって、肌も元気になって、高い化粧品を塗って隠す必要もない。まさにインナー・ビューティ。最近では「アンチエイジング」のためにホルモン療法や医学的治療を喧伝する向きもありますが、闘わずして快適に年齢を重ねていく方法があるとしたら、オーガニックライフはそのひとつだと、私は考えています。

　カッコ悪いところ、見せたくないところを補うために、上から塗り重ねたり、着飾ったりすることよりも、自分の中から健康的に美しくなることで、よりシンプルなファッションやシンプルな生き方で魅力的な自分になれるように努力していきたい。いまの私は、そんなふうに齢をとっていけたらいいなと思っています。

相原農場を訪ねる

いま私が健康と美容のために毎日摂っている1週間分の有機野菜が、神奈川県藤沢市にある「相原農場」から毎週、届きます。

秋の陽がうららかな10月のある日。その相原農場のご主人、相原成行《あいはらしげゆき》さんを訪ねました。

まずはいま現在の畑を見せていただきます。緑の葉がきれいに揃ったニンジン。隣りには種まきを終えた赤いダイコンとビーツ、長ネギ。花を食べるノラボウ菜*17は、最近、全国的に広まっていて、学校給食にも取り入れられているといいます。

そして日本の在来種であるニホンホウレン草。「冬の寒さにしっかり当てることで、12月のホウレン草は甘さを蓄えていて、本当に美味しいです。自分で身を守ることを知っているんですね」と相原さん。

「農薬を使わないことで虫が増えたりして、周りの農家から苦情が来たりしませんか?」と尋ねたら、こんな答えが返ってきました。

「うち以外はほとんどみんな農薬を使っていますが、とくに苦情といったものはありません。農薬を使わないことで生態系が豊かになっていますから、生き物のバランスが取れていて、むしろ益虫が生まれています」

藤沢市では、市役所の農業水産課が農業に力を入れていることもあり、新しい就農者が増えているといいます。そのため農地は奪い合いの状況を呈していますが、第三者機関の「中間管理機構」が貸し手と借り手を仲介して、両者が直接交渉しなくてもマッチングできる仕組みが生まれているとのことです。

相原さんのお宅の広々とした庭にしつらえられたテーブルに戻って、あらためてじっくりとお話をうかがうことにしました。

＊＊＊

お母さんたちが引っ張った「有機」

かおる　この農場は相原さんで5代目と、長年この地で農業を営んできたとうかがっています。どのような歴史があるのでしょうか。

相　原　初代は、この一帯で農業をしていた同じ相原家に奉公に来ていて、よく働くというので農地の一部を分けてもらい、農場を始めたそうです。私のひい爺さんにあたる2代目が105歳まで生きた長寿の人で、神奈川県から表彰された日のことは幼な心に覚えています。3代目が私の爺さんで、4代目が父母です。

父は婿養子で、私は昭和42（1967）年に生まれましたが、その頃はまだふつうに市場出しの出荷で家族経営の農業をやっていたようです。

かおる　無農薬に転換したのは、何がきっかけになったんですか？

相　原　じつは私が小学生の頃に母が肝臓を患って入院してしまい、すべての負担が父にかかってきました。母はこのままではいけないと思い、病気のことをいろいろと調べる中で、薬による対症療法では治しきれない、根本から体質を変えなければ、そのためには食べ物を変えなければというところから、農家ができることとして化学肥料や農薬を使わないコメや野菜づくりをしようと決めたそうです。

当時、母はまだ30代で、自分の身体を通して食べることの大切さを知り、病気を克服しました。そして、同じように安心安全な食べ物を求めるお母さんたちの集まりである藤沢市の「食生活研究会」に野菜を卸すようになったのが、うちの本格的な有機農業の始まりです。

かおる　大きな方向転換のきっかけはお母さまだったんですね。

相　原　ええ。きっかけと同時に原動力でもありました。母の両親がそれを認めてくれたこともありがたかったと、よくいっていました。ふつう農家で上の世代のやり方を変えるのは、並たいていのことじゃありませんから。

かおる　1980年代は、家庭の「食」を預かる専業主婦のお母さんたちがパワーを発揮して、草の根運動が盛り上がった時代でした。いまでこそ有機野菜はブランド化されて、三ツ星レストランなどで珍重されるようになりましたが、当時は苦労されたでしょう。

相　原　そうですね。消費者運動が起こってきて、グループで購入して分配するような、効率よく安心安全な食べ物を入手できる仕組みをつくったり、1週間分の野菜がどさっと届くわけですから、傷まない下処理の方法を考えて保存するとか。そういうことをお母さんたちが手弁当でやってきたんですね。

バランスのいい畑

かおる　私が湘南に移り住んだのはいまから12年前です。オーガニック野菜を中心にしたダイエットを体験したり、有機農業の勉強をする中で、ご近所に相原さんの野菜を使っているステキなレストラン「さいさい」さんを見つけたのが、相原農場との出逢いのきっかけです。

そのレストランの料理教室にも通って、週に1回のセット購入の仲間に入れていただき、いまでは自分で有機野菜を使った料理をするのが楽しくて仕方ありません。

何より、四季の「旬」がわかるようになりました。旬のものを食べることで人間の身体が支えられているという実感、ですね。メインディッシュを肉や魚ではなく、今週はいいコマツ菜、いいチンゲン菜が入ったから、これをメインにコーディネートしよう。そう考えて台所に立つようになったら、生き物を生かすよろこびと、それを食べて自分の身体がよろこぶ、二重のよろこびを感じます。モチベーション、上がりますよ。

相原　有機農業というのは、いろいろな入り口があるんですね。うちの場合は母の健康から入りました。環境問題から入る人もいます。

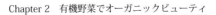

かおるさんが旬の大切さを話されたけど、旬にはもちろん「美味しさ」がありますが、同時に「栽培」する上でも重要です。うちでは常に旬を大事にした作づけを考えています。無理な作づけをすれば、作物は病気になりやすいですから。

それから大切なのは、生き物が豊かな畑にすることです。たとえば、作物にとっては害虫でもその虫の天敵となる生き物にとっては食糧なんですね。クモやカマキリ、ヘビやトカゲ、鳥もそうです。それらの生き物たちが命のやり取りをすることで、バランスのいい畑になる。ところがいったん農薬を使ってしまうと、再生力の弱い天敵たちの数が減り、耐性を持った害虫が先に復活してくる。結局、自分で自分の首を絞めることになるわけです。

堆肥のチカラ

相　原　化学肥料についても、使ってしまうと一見、立派な作物が育ったように見えるけれど、じつはカラダは大きくてもひ弱な細胞の、病気になりやすい体質になってしまう。ですから化学肥料に頼りすぎてしまうと、健康な野菜には育たないと私は考えています。

実際の農業の歴史を見ると、化学肥料が農薬より先にできています。それまでは重い堆肥を運んでいたのが、軽い粒状の化学肥料を撒くだけですぐに作物ができる。重労働から解放される、魔法の業だ、と思ったのもつかの間。虫がついて病気になりやすい。そこで農薬が登場したわけです。つまり化学肥料と農薬はセットなんですね。

かおる　堆肥は微生物のかたまりみたいなものですが、いま「土」についての研究が注目されているといいます。アメリカで発表された学説で、「腸と脳の関係から、微生物の豊かな土で育った作物が認知症の予防につながる」という話を聞きました。今日、相原さんの畑を見せていただきましたが、土がふかふかしていて触っていると気持ちがいい。やっぱり何十年も化学肥料を使ってこなかった土だからだな、と思いました。

相　原　ここで使っている肥料ですが、植木を剪定《せんてい》した時に出る枝と米ぬかを混ぜて発酵させた自家製

の堆肥や、畑に生えてきた草に米ぬかを混ぜて発酵させた自家製の発酵肥料などを使っています。雑草も緑肥としてとらえ、畑にとってよい草が増えるように管理しています。

また、有機農業では何種類もの野菜を同時に作ることで、農薬を使わずに連作による障害や害虫から野菜を守ることができるんです。

有機農業は、その時その時の労力を考えればたしかに大変です。草むしりひとつとっても、生えた草に対処するため機械を使わず時間をかけて手作業でやりますから。しかし、10年後、20年後、もっといえば100年後も同じやり方で農業を続けられる。逆に農薬を使ってしまうと、5年後、10年後にこの畑はどうなってしまうのか、という不安がついて回るわけです。それを考えれば、いまの大変さは苦になりませんね。

＊＊＊

相原農場のセット野菜

わが家では毎日、相原さんの野菜が食卓を飾っていますが、年間を通してバリエーションが考えられているので、料理する身としては助かります。消費者の食卓が彩り豊かになるように、少量多品種をつくりつづける農作業は本当に大変だと思います。相原さんによれば、年間を通して70～80品目を栽培するそうです。

1回のセット野菜が8～10品目で、それも種類が偏らないように5つの柱がキープされています。具体例を挙げてみましょう。

①根菜類：ダイコン、ニンジン、ゴボウ、カブ、赤カブなどを入れ替わり1年通して
②ネギ類：長ネギ、玉ネギ、ラッキョウ、ニンニク、ニラ、ワケギなど
③葉もの：ミズ菜、タカ菜、チンゲン菜、モロヘイヤ、コマツ菜、ホウレン草、エン菜、ツルムラサキなどを入れ替わり1年通して
④イモ類：サトイモ、サツマイモ、ジャガイモなど
⑤旬のもの：冬はレタス、ハク菜、キャベツなど。夏はナス、トマト、ピーマン、カボチャ、インゲン、キュウリなど

「さいさい」教室で習った野菜料理レシピ

湘南でレストラン「さいさい」を営む佐藤玲子《さとうれいこ》さんの料理教室のことは先ほど触れましたが、そこで教えていただいた野菜料理のレシピからいくつかご紹介しましょう。も

ちろん主役は相原農場から届いた野菜たちです。なお、材料の分量はあえて記しません。「料理は作る人の個性や経験から自由に考えて楽しんでほしい」というのが、玲子さんからのメッセージです。

●コマツ菜のオイル蒸し（5月）

材　料：コマツ菜　パルメザンチーズ　レモン　オリーブオイル　塩　胡椒

作り方：1．コマツ菜は根元に切り込みを入れて茎の間の土をよく洗う。長さを2～3等分に切る。

2．フライパンにコマツ菜を入れてオリーブオイルを回しかけ、全体を混ぜる。塩少々と胡椒をふって、蓋をして中火で4～5分、しんなりするまで蒸し煮にする。

3．器に盛ってパルメザンチーズをふり、レモンを添える。

●ブロッコリーのクリーム煮（5月）

材　料：ブロッコリー　ハム　ショウガの千切り　牛乳（もしくは豆乳）　片栗粉　酒　塩　胡椒　ゴマ油　ガラスープ（中華だし）

作り方：1．ブロッコリーは長さ5～6センチ、縦の幅を2センチに切る。ハムは幅1センチに切る。
2．フライパンにゴマ油を熱し、ブロッコリーとショウガをさっと炒め、ハムを加えてさらに炒める。酒、ガラスープを加え、塩・胡椒をし、ブロッコリーが柔らかくなるまで煮る（10分くらい）。
3．牛乳（もしくは豆乳）を加え、弱火で煮立ったら水溶き片栗粉を回し入れ、大きく混ぜてとろみがついたら火を止める。

●トマトのおひたし（6月）

材　料：トマト　だし汁　しょう油　塩　かつお節
作り方：1．トマトはお好みで湯むきする。串切りにしておく。
2．だし汁にしょう油、塩を加えてよく混ぜる。トマトを入れて冷蔵庫に2～3時間置く。器に盛り、かつお節をのせる。

●ナスの梅煮（7月）

材　料：ナス　豚肉（しゃぶしゃぶ用）　だし汁　しょう油　みりん　梅干し

サラダ油

作り方：1．ナスはへたを落とし、食べやすい大きさに乱切りにして水にさらしておく。

2．水を切ったナスをフライパンに入れ、サラダ油少々を全体にまぶしたら火をつけ、軽く炒める。

3．2にだし汁を入れ、つぶした梅干し、みりん、しょう油を加え、1分くらい煮たところに豚肉を加え、火を通す。

●ニンジンとイカのはちみつ酢漬け（8月）

材　料：ニンジン　イカの燻製（ソフトタイプ）　酢　はちみつ　しょう油

作り方：1．ニンジンは厚めの短冊切りにする。

2．ボウルまたはポリ袋にニンジン、イカ、酢、はちみつ、しょう油を入れ、よく混ぜて10分以上置く。

●キュウリの炒め煮（8月）

材　料：キュウリ　ゴマ油　赤トウガラシ　砂糖　みりん　しょう油　白ゴマ

大葉

作り方：1．キュウリはできれば大きめのものを使う。縦半分に切り、5ミリ幅の斜め切りにする。

2．赤トウガラシは種を取り、小口切りにする。

3．フライパンにゴマ油と1と2を入れ、火をつけてキュウリの色があざやかになるまで炒める。

4．砂糖、みりん、しょう油を加えてさっと炒め、火を止めて、白ゴマと大葉のみじん切りを混ぜる。

●新玉ネギと鶏肉のマリネ（9月）

材　料：新玉ネギ　鶏むね肉　トマト　サラダ油　酢　塩　胡椒　砂糖

作り方：1．玉ネギは繊維に垂直に薄切りにし、トマトはひと口大に切る。

2．鶏むね肉は皮を取り、極薄のそぎ切りにする。皮は冷凍保存しておいて、チャーハンや中華スープを作る時の具に使う。

3．鍋に湯を沸かし、2の鶏肉を少しずつほぐすようにして茹でる（茹ですぎに注意）。

4. ボウルにサラダ油、酢、塩、胡椒、砂糖（ひとつまみ）を入れ、よく混ぜ、1と3を混ぜ合わせる。

●ホウレン草のピリ辛ゴマだれかけ（11月）

材　料：ホウレン草　白すりゴマ　しょう油　酢　ラー油

作り方：1. ホウレン草は洗って根の部分をきれいにし、切らずに熱湯でさっと茹で、湯を切り、熱いうちに器に盛る。

2. 白すりゴマ、しょう油、酢、ラー油を合わせて、1にかける。

●カブじゃこサラダ（11月）

材　料：カブ　ちりめんじゃこ　白ゴマ　フレンチドレッシング　しょう油

作り方：1. カブは皮をむいて薄切りにし、葉の軟らかいところは3センチくらいの長さに切る。

2. ボウルにカブ、ちりめんじゃこ、白ゴマを入れ、フレンチドレッシングとしょう油少々を加えてよく混ぜ、器に盛る。

脚注

＊16　活性酸素：多くの生物は生命維持に必要なエネルギーを得るため、細胞内で絶えず酸素を消費している。これらの酸素の一部は、代謝過程において活性酸素とよばれる反応性の高い状態に変換されることがある。発生した活性酸素はさまざまな物質に化学反応をもたらして細胞に損傷を与えるため、その有害性が指摘されている。これを防ぐため、各組織には活性酸素を除去する酵素が存在するが、細胞内の酵素で分解しきれない余分な活性酸素は、がんや生活習慣病、老化など、さまざまな病気の原因になるといわれている。

＊17　ノラボウ菜：東京都西多摩地方や埼玉県などで多く栽培されるアブラナ属の野菜。耐寒性にすぐれ、花茎を折ってもまた次の脇芽を出す旺盛な生命力をもった江戸東京野菜のひとつ。かつてはおひたしやゴマ和えで食したが、バター炒めやみそ汁の具にも合うなど用途が広がっている。

Chapter 3

60兆個の細胞を蘇らせる?! ヒーリングデバイス

病気のデパートみたいだった私

ドラマデビューから50年、ふり返ってみると小学校5年生の時に当時流行っていた香港風邪にかかって1日だけお仕事を休んだだけで、それ以外にはいただいたお仕事を休んだことは一度もありません。なんと丈夫な！と思われるかもしれませんが、じつはここに来るまでの日々は、さまざまな病気との闘いの連続でした。

5歳の時に小児喘息《ぜんそく》の発作が起き、それ以来、喘息は忘れた頃にやってくる持病になっています。15歳、39歳、49歳……。

それから22歳と28歳の時にそれぞれ子宮がん、卵巣がんと診断されましたが、そのどちらものちに誤診だと判明します。その頃から私は「健康マニア」が習い性になっていきました。

旅番組や情報番組の仕事が多くなり、いろいろな健康情報を集めては試しました。片《へん》仔《し》癀《こう》*18や一時ブームになった冬《とう》虫《ちゅう》夏《か》草《そう》*19、ロケには食あたり予防の陀《だ》羅《ら》尼《に》助《すけ》*20を必ずもち歩き、家では浄水器を何種類も試したりしました。

40歳を過ぎたころには最初の結婚に失敗したツケですっかり人間不信に陥り、体型も変わって肌もボロボロに。長年マネージャーを務めてくれた妹のアドバイスで体質改善に努めました。そのあたりの事情はChapter 2で書いたとおりです。

40代の終わりにいまの夫と再婚しましたが、それと同時に母の看護と介護が始まり、日々の過労がピークとなっていきました。

51歳の時に一過性虚血性心疾患[*21]になり、一時は右半身が動かなくなる経験もしました。漢方をはじめホメオパシー[*22]やメタトロン[*23]など、あまりにもたくさんのものを試したので何が効いたのかわかりませんが、いま思えば「母を看取るまでは死ねないぞ！」という気合いが、私を救ってくれたのかもしれません。

1月に最愛の母が亡くなった年の夏に、しばらくお休みしていた仕事を再開しました。久々の海外ロケは南米のボリビア。初めて観るウユニ塩湖[*24]の絶景は、この世のものとは思えない美しさで、天にも昇る気持ちです。高山病にかからないように禁酒して、体調を整えたおかげで無事にロケを終えました。

ところが……。

ライム病の怖さを味わう

日本に帰国して数日後。左の腕に赤い斑点ができ、日に日に広がっていきます。虫に刺されたのかしら。引っ掻くといけないのでカットバンを貼って寝ました。ところが、ひと晩経って起きたら倦怠感がひどい。そのうち悪寒もしてきたので、念のため国立感染症センターで診てもらうことにしました。

カットバンの下が痛みだしたので剥がしてみると、皮膚の下からダニのような小さな虫が這い出てくるではありませんか。素早くハンカチで包み、診察と併せて虫の鑑定もお願いしました。その日はお医者さまからいろいろと質問され、ひとまず3日分の抗生物質をいただいて帰宅しました。

後日の診断結果で、野生のダニ類に刺されてスピルヘータ[*25]という細菌に感染することで引き起こされる感染症、「ライム病」であることがわかりました。もち込んだ虫については、ダニを研究する専門家も初めて見る新種のダニだとのことでした。

ライム病は「致死率30パーセント」とされる恐ろしい病気で、抗菌薬などが処方されるものの、いまだに完全な治療法は確立されていないそうです。ちょうどその頃、世界的なスーパースターであるジャスティン・ビーバー[*26]がライム病による顔の神経麻痺を公表したこともあって、いよいよ私も年貢の納め時かと絶望的な気分でしたが、とにかくやれることはすべてやろうと気を取り直しました。

一時は血圧の上が200、下が130まで上昇し、その後も全身の湿疹、慢性疲労、髄膜炎、三叉神経痛などの後遺症に悩まされつづけました。神経の麻痺や炎症がつづいて夜も眠れず、身体の中の細胞が弱っていく実感があります。

そんな日々がつづく中で、近所の美容室の方に教えていただいたのが、「CS60」というヒーリングデバイスでした。うかがった話では、このデバイスはヒトの身体にとって不要な老廃物や添加物のゴミ出しの手助けをするとのこと。それによってヒトは本来の健康な状態を取り戻すのだといいます。

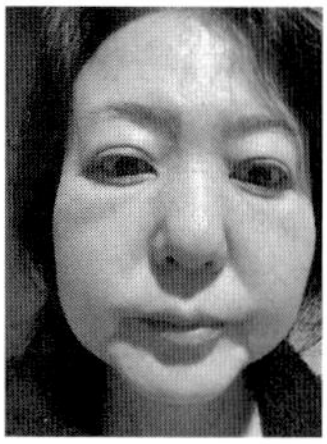

2022年3月18日

⇩

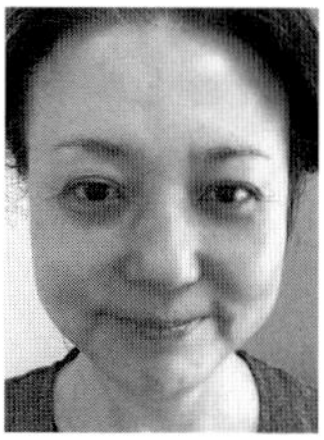

2か月後の5月9日

CS60の開発者に会いに行く

体調を取り戻すためには何でも試そうと心に決めていた私は、このデバイスの話が気にかかり、わが家から車で10分ほどのところにあるサロン「CS60茅ヶ埼」の松本純《まつもとじゅん》さんを訪ねることにしました。そして実際にデバイス体験をしてみると、私の弱りきっていた細胞が身体の深いところで動き出す感覚があったのです。

これは面白い。そう感じて、早速、CS60の開発者である西村光久《にしむらみつひさ》さんの著書『細胞の声を聴く　超健康革命』（徳間書店刊）を買って読みました。読み進むにつれて、これまで知らなかった「細胞」と人体の仕組みに気づかされたのですが、それより何より、著者の西村さんご自身の探求心や物事のとらえ方に興味がわいてきました。松本さんにお願いしてアポイントを取っていただき、東京・青山にあるオフィスに西村さんを訪ねて、お話をうかがいました。

＊＊＊

かおる　私はライム病の後遺症で身体がボロボロになっていた時に、ある方の紹介でCS60に出逢い、いままでに経験したことのない体感を得ることができました。西村さんの著書や第三者のメールマガジンの報告を読むと、医者から見放された難病やがんの副作用なども癒してしまう不思議な球体がCS60だとあります。あらためてお聞きしたいのですが、CS60とはどのようなもので、どのような作用を人間の身体に引き起こすのでしょうか？

西　村　はい。Cはセル、細胞ですね。Sはスムーズ、滑らか。そして60は人体が持つ細胞が60トリリオン（兆）個であることから名づけました。文字どおり60兆個の細胞を元気にしたいという思いで開発したデバイスがCS60です。

僕は最初、アトピー問題[*27]に取り組んだんです。なかなか治らないというアトピーは何が原因なんだろうと探っていくと、アトピーは昭和28（1953）年以降に発症していることがわかりました。ちょうどその頃から電気洗濯機が普及し始めて、電気洗濯機と相性のいい洗剤がアメリカから輸入されて、広く使わるようになったわけです。

そこで、洗剤に使われている合成の界面活性剤に何らかの原因があるのではないかと突きとめ、まずは石油由来の合成洗剤に代わるものを試していきました。そこからさらに、皮膚の修復のためのクリームづくりへと研究を進め、身体から不要な電気やストレスを抜き取るイメージへと行き着きました。それをなんとか機械化できないかと考えつづけている時に夢の中で出てきたのが、このＣＳ60の原型です。

かおる　夢、ですか？

西　村　僕はなぜか夢のつづきを見ることができるので、何度も何度もつづきを見て、夢に教えてもらいながら試して、木工から樹脂へ、さらに金属へと発展させていきました。

かおる　西村さんはこのデバイスのメカニズムはブラックホールのようなものだと、著書の中で書いていますが、もう少しそのあたりについて教えてください。

西　村　正直にいって、ＣＳ60の人体に及ぼすメカニズムを僕自身はっきりと解明したわけではありません。ただ長年、建築業界で働いて、ロボットなどのものづくりの研究の中で、スピンをかけることで大きなエネルギーをつくり出せることは知っています。

身体の中から迷走電気や老廃物を抜き出すのは、それこそ地球から大気圏へ飛び出せるくらいの相当なエネルギーを必要とすると思うわけで、ならば磁界をつくることで身体の引力に負けない力でブラックホールに吸い込ませるというのが、僕の想像するイメージです。中には量子論[*28]で説明しようという試みもあるようですが、僕自身はメカニズムが解明されなくても結果が出ればそれでよしと、気楽に考えているんです。

アリに教えられたこと

かおる　ところで、メールマガジンでの西村さんへのインタビューを読んでいて面白かったのは、失礼ながら、幼少期からなかなか変わったお子さんだったとお見受けしますが。

西　村　あはは。そうですね。僕は子どもの頃から凝り性というのか、何でも集めるのが好きだったんですよ。カメなんかも学校中を這い回るくらいたくさん集めてきたり、カエル、トンボ、チョウチョ。スズメなんかも家に巣をつくって飼ってみたり。

ひとつのことに集中して集めては観察するようなことをやっている中に、アリもありました。そこでずっと見ていると、働いているヤツと働かないヤツがいることがだんだんわかってくるんですね。こいつ、あっち行ったりこっち行ったりしてるけど、何にもしてないなと。ほかのヤツは餌運んだりしてるのに。働いてるのが2割か3割、だいたい6割くらいが働いていない。しかし、アリは上からじーっと見ている僕に気がつかないわけです。それでふと考えてみたら、仕事現場の人間も同じだなぁって。やってるふりして、なーんもしてないのがいる。

そんなことをしている時に、僕は急に視線を感じたんです。自分が誰かに上から見られているという感じがあったんですが、上を見てもただ真っ青な空しかない。わぁーっそうか、僕がアリで巣の中にいて、それを上から見ている何かがいるんだと、子ども心に思ったんです。

それからですね、卑怯なことはできないなと。それまで平気でやっていたゴ

ミのポイ捨てもしなくなりました。（笑）

かおる 深いお話ですね。それはやはりご両親の教育が関係していますか？

西　村 とくに母親の力が大きいように思います。小学生の頃はご多分にもれず野球が大好きで、近所の子どもたちと毎日野球して遊んでいたんですが、毎日のように近所の家やお店のガラスを割っちゃうんです。またその頃のガラスは割れやすかったんですよ。するとオフクロが「光久、自分のことは自分で責任取れ！」というので、いろいろ考えて新聞配達のアルバイトをしてガラス代を稼ぐことにしました。

小学4年生の時でしたが、近所の新聞販売店に行ってみたら「小学生はダメだ」というんです。「なぜですか？」って聞いたら、「朝起きられないからだ」というので、翌朝2時に行って店の前で待っていました。

やがて店主がやってきて、「ダメだといったらダメだ」と。それで翌日も朝2時に行ってまた頼んだら、番頭さんみたいな人が「自分が面倒見ますから使ってみませんか」って取りなしてくれてましてね。

小学6年の時には、その店でいちばん多くの地区を配達していました。けっこうな稼ぎになりましたよ。（笑）

ピンコロの世界をつくりたい

かおる　ずっと連れ添ってきた私の母は昔からヘビースモーカーで、63歳の時に肺気腫[*29]と診断され、79歳からは在宅酸素療法を導入して、介護生活が始まりました。4年半の介護の末に看取ったのですが、その体験から気づかされたことも多くあります。

西　村　僕のオフクロは、わりと早く77歳で亡くなりましたが、テレビを観ながら肘枕をしたそのままの格好で息を引き取りました。孫たちが周りを走り回っていて、しばらく家族も気づかないような急な亡くなり方でしたので、もちろん悲しいことは悲しかったし、もう少し長生きしてほしかったですが、こういう生き方もあるんだなぁという思いがありました。

　オヤジの方は83歳で亡くなりましたが、若い時から頭が切れて、記憶力も抜群で数字に強い人でした。昔の中学、いまでいえば高校の時に１００メートル走の日本新記録をつくったほどの体力も備えた人でしたが、晩年はだんだん足腰も立たなくなり、ついに寝たきりになってしまった。ある時、長男の嫁が、これがまた口の悪い人で、オヤジの寝ているそばでそれまでの恨みを晴らすような好き放題をいったようです。

するとオヤジが怒って「おまえなんかに面倒見てもらうもんか」って、おしめを投げつけたんです。僕はオヤジの横で寝ながら、ああ人間は寝たきりになってしまうと、それまでに築き上げてきたプライドも何も一瞬にして失ってしまうものだなぁということを、実感として受けとめました。

やはり人間は、年老いても家族に面倒かけず、死ぬまで元気でいられたらいいよなぁ。足腰が弱っても、寝たきりにならないようにできたらいいよなぁ。そのためにこのCS60が役に立ってくれたらいい。何とかしてピンピンコロリの世界をつくりたい、というのがいまのいちばんの思いです。

あらためてCS60の疑問に答える

かおる　西村さんご自身はCS60を「ヒーリングデバイス」と位置づけていて、世間的には「不思議な球体」などと呼ばれています。そこでいくつかの疑問も指摘されていますので、あらためてうかがいたいと思います。

まず、先ほども少し触れましたが、その科学的根拠についてご自身はどうお考えでしょうか?

西　村　たとえば解熱鎮痛剤として世界で広く使われている「アスピリン」ですが、ヤナ

ギのエキスを抽出してつくられるこの薬も、科学的メカニズムはわからないま
ま効果があるという結果から、長年にわたって使われてきました。関係者３人
くらいがノーベル賞まで受賞していますが、科学的根拠がわかってきたのはア
スピリンが薬として発売されてから70年後です。

というのは、人体のメカニズムでわかっているのはわずか数％で、90％以上が不明なままです。それをすべて科学で説明しようというのは、あまりにも矛盾があるのではないでしょうか。

麻酔についても同じことがいえます。なぜ麻酔が効くのか、じつはメカニズムはわかっていないけれども、結果が明らかなので、ふつうに使われている。おそらく人間の身体は皆つながっているということでしょう。いま歯科と内科は別々に扱われていますが、歯の治療によって内臓の疾患を治す実例が報告されています。

かおる

そういえば、歯周病と糖尿病が関係しているというのは、医師会でも認められていて、教科書にも載っていますね。

もうひとつ。これも先ほど触れましたが、西村さんはＣＳ60の設計図を夢の中で閃いたと著書に書かれています。いささか荒唐《こうとう》無稽《むけい》な印象もありますが、

西村　これはどのように説明されますか？

夢は私たち人間の潜在意識の下にある超意識からやってくるといわれます。スイスの精神科医で心理学者のカール・グスタフ・ユング[*30]は、夢は集合意識につながることがあって、そこには英知が入り込むともいっています。僕は子どもの頃から、ひとつのことをずっと考えて思いつづけていると、それが夢の中で映像として現れてくることを経験していました。しかも嫌なシーンは消去して、楽しいシーンのつづきを見るといった操作もできたので、誰でもそうなのかと思っていましたが、実際は人によるようですね。

仕事のうえで難題にぶつかった時に夢を利用するというのは、これまでもやっていて、例えば専門家の技術者が「絶対に不可能だ」と断言した異種金属の溶接ロボットの開発も、夢の中で教えてもらって完成させた体験があります。見た夢を忘れないうちに記録できるように、枕元にノートとボールペンを用意しました。ＣＳ60の時も、夢を信じて夢で教えられた映像をスケッチしつづけたんです。

アインシュタイン[*31]をはじめ、天才といわれる人たちのアイデアが夢から生まれたという事実を、のちに知りましたが、考えてみれば音楽や美術の世界では、夢で着想を得たアイデアからすばらしい作品が生まれるのは、よくあることです。

これからのビジョン

かおる　最後になりますが、CS60の今後について西村さんご自身はどのようにお考えでしょうか?

西　村　僕はこれまでさまざまな国を回って、ボランティアでCS60による働きかけをしてきました。いちばん多く行ったのはインドですが、その他にもタンザニアのマサイ族の人々、イスラエルではキリスト教、イスラム教、ユダヤ教、ギリシャ正教会の人々、難民キャンプの人々などです。言葉が通じない人たちや、南半球では効果が出ないのでは、といった疑問が投げかけられたからで、実際にCS60がどこへ行っても通用するものなのか、自分で試してみたかったんですね。

それでいま話が出ているのが、ある中東の国です。この国の王室では、ありとあらゆる健康のための研究を進

める施設をつくる計画が進んでいて、日本円にして1500億円の予算が計上されています。その中のひとつに「CS60も入りませんか」という提案がきています。とにかく地球上のどこでも安心して使えるように、世界に広げていきたいと考えているので、そのためには土台となるしっかりした4本脚のテーブルが必要です。まずはこの国が、最初の1本目の脚になればいいなと思っているところです。

かおる　今日はたいへん興味深いお話を聞かせていただき、ありがとうございました。

＊＊＊

脚注

＊18　片仔廣：中国明代の御典医が宮廷に伝わる秘法を用いてつくり上げたといわれる漢方薬。主な効能は消炎、解毒。肝炎や肝臓病の特効薬として広く知られる。

＊19　冬虫夏草：キノコの一種で、土中の昆虫類に寄生した菌糸から地上に子実体をつくる。中医学・漢方の生薬や、薬膳料理・中華料理の食材として用いられる。

＊20　陀羅尼助：日本古来の民間薬。ミカン科の黄檗の樹皮を主成分とし、下痢止めや胃腸薬として用いられる。

＊21　虚血性心疾患：動脈硬化や血栓などによって心臓の冠動脈が閉塞して、心筋に血

液がいかなくなる（心筋虚血）ことで起こる病気。

＊22 ホメオパシー：「病気や症状を起こしうる薬や物を使って、その病気や症状を治すことができる」という原理のもと、1796年にドイツの医師ザムエル・ハーネマンが提唱した代替医療。

＊23 メタトロン：ロシア人科学者によって開発された波動測定器。心身のアンバランスや不調箇所をその場でパソコン画面に映し出せるとするアセスメント・システム。自身や問診ではなかなか気づけない身体の中の変化や感情の影響を客観的に評価するという。

＊24 ウユニ塩湖：ボリビア中央西部にある塩の大地。アンデス山脈が隆起した際に大量の海水がそのまま山の上に残され、視界の限り真っ白な塩原になったため、雪原の中にいるような錯覚にとらわれるという「奇跡の絶景」で知られる。正確には「塩原」だが「塩湖」と称されている。

＊25 スピロヘータ：細菌を形態によって分類した場合に、球菌、桿菌とならぶ、らせん状をした菌の総称。梅毒を感染させることがよく知られているが、梅毒のほかにも回帰熱のボレリアやワイル病のレプトスピラ感染などを引き起こすとされる。

＊26 ジャスティン・ビーバー：本名ジャスティン・ドリュー・ビーバー。1994年生まれのカナダのポップミュージシャン、俳優、シンガーソングライター。世界的スターとして知られている。

＊27 アトピー：アトピー性皮膚炎のこと。その原因については、まだ解明されていない点が多い。皮膚のバリア機能が低下した乾燥状態に、ダニ・ほこり・食べ物などのアレルゲンやストレスなどの多様な環境が重なって起こると考えられている。

＊28 量子論：量子という粒子と波動の二重性をもつエネルギーの最小単位に関する理

論のこと。相対性理論とともに現代物理学の2大理論とされる

＊29　肺気腫：肺の組織が壊れた状態をいう。主な原因は喫煙といわれており、ゆっくりと進行するが、一度壊れた肺の組織が元に戻ることはない。ただし、禁煙によって進行を遅くしたり、治療によって症状を和らげたりすることができる。

＊30　カール・グスタフ・ユング：スイスの精神科医であり心理学者。臨床心理学の「分析心理学」の創始者で、フロイトとともに精神分析学を発展させた。しかし、フロイトとは「無意識」についての意見が相違したことで距離を置くようになった。「集合的無意識」という新しい概念を提起し、人の心の働きは意識のコントロールや認識を超えた〝無意識〟の働きが大きく影響するとした。

＊31　アインシュタイン：1879年にドイツで生まれた理論物理学の天才。それまでの物理学の認識を根本から変え、「20世紀最高の物理学者」と評される。1905年に発表した特殊相対性理論が有名だが、光電効果（物質に光を照射した際に電子が放出されたり電流が流れたりする現象）の理論的解明によって1921年のノーベル物理学賞を受賞した。

あとがき

これまでの半生をふり返ると、私は人生の節目節目で自分の体験を本として出版してきました。

写真家の篠山紀信さんに撮っていただいた初のヘアヌード写真集『女優ごっこ』の出版から1年後、「告白自伝」と銘打ったエッセイ『すれっからし』を出したのは30代の半ばです。それまでのジェットコースターのような生き方のあれこれをあからさまに綴った文字どおりの告白本でした。巻末の解説（談）でテリー伊藤さんは「杉田かおるは、薄幸の女が似合うのだ」と結んでいました。

それから6年後に出版した『杉田』は最初の結婚の直後で、本のオビには「愛する人に支えられて、再生する私」とあります。いま読み返すと、恥ずかしいやら、可笑しいやら、ですね。

そしてその5年後、生活も落ちつきを取り戻していた頃には、『毒だしダイエット』『オーガニックライフ』の2冊を相次いで出版しました。

あれから10数年が経ち、今回の『60歳からの自然美肌』に至ったわけですが、すでに書いたように、還暦を前にして顔が火ぶくれのように赤く腫れ上がるという危機から一転、インスタグラムに写真をアップして話題になったことで、美肌づくりや健康リテラシーに自信をもてるようになり、出版企画のお話をいただいた次第です。

この本に登場していただいたプロフェッショナルの方々との出逢いに、あらためて深く感謝申し上げます。そして、ここに記した私の体験が、多くの読者の皆さんにとってのささやかな応援歌となることを祈っています。

最後に、出版にあたってご尽力いただいた世界書院社長の二木啓孝さん、編集担当の坂本隆さん、カメラマンの矢口和也さん へのお礼を申し添えます。

２０２３年　春　杉田かおる

本書に登場するプロフェッショナルたちへの
アクセス・ガイド

＊大磯のエステサロン the suite202

home page ▶ https://www.thesuite202.com

＊小林泰子：

e-mail ▶ yasuko1234649@gmail.com

＊相原農場：

home page ▶ www.aihara-farm.org

＊レストラン「さいさい」：

Instagram ▶ Reiko’s Kitchen さいさい

＊ CS60本部：

home page ▶ https://cs60.com

＊ CS60茅ヶ崎：

e-mail ▶ cs60chigasaki@gmail.com

●杉田かおるプロフィール

1964年生まれ。女優。7歳でNTV「パパと呼ばないで」でデビュー。79年TBS「3年B組金八先生」、80年NTV「池中玄太80キロ」に出演。翌年、同番組の挿入歌「鳥の詩」がヒット。2000年代からはバラエティ番組でも活躍。「すれっからし」ほか出版多数。2011年、東日本大震災を機に福岡県に移住し、糸島にて自然農を学ぶ。財団法人結核予防会の大使、北海道平取町トマト大使を歴任。佐賀県武雄市の食育アドバイザーを務め、16年観光大使に任命される。18年からは日本健康生活推進協会の「健康マスター名誉リーダー」として健康リテラシー向上のための活動を開始。20年1月にYouTubeチャンネル「杉田かおるのオーガニックヘルスリテラシーofficial」を開設した。

ありがとうございました。

キンケア・マニュアル

①2回目のクレンジング。
顔だけでなく、首までしっかり
クレンザーをつける。

②鎖骨をチョキの指で挟むように。
左指で右の鎖骨を、右指で左の
鎖骨を内側から外側に向かって
老廃物を流す。

③両方の親指を顎骨の裏にセットし、
両方の人差し指をカギ状にして、
顎先から耳下腺までしっかりと流す。
ここが小顔ポイント。

④中指と薬指を使って顎先から口角を
上げる。にっこりと笑顔になるように。

⑤口角から耳の前まで左右の四本の
指を使って引き上げ、耳の前で止める。

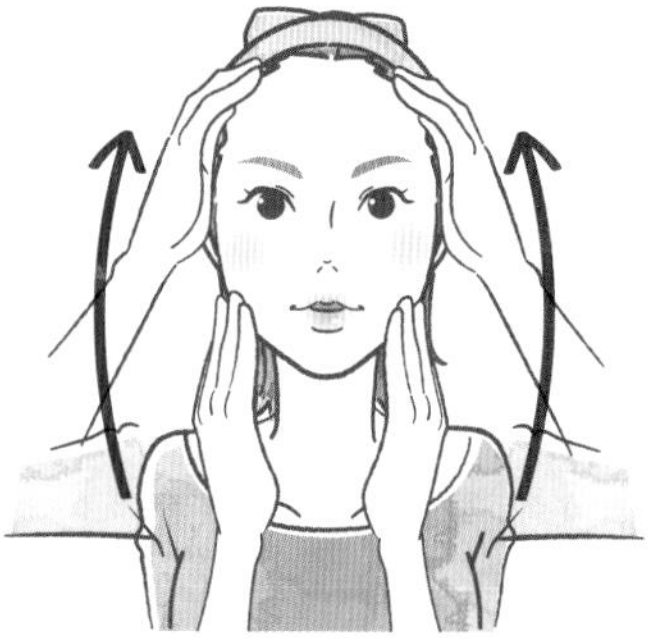

⑥ 4本の指と手のひら全体を使って
顎骨からこめかみまで、いっきに引き
上げる。最後に髪の生え際を4本の
指でしっかり押す。

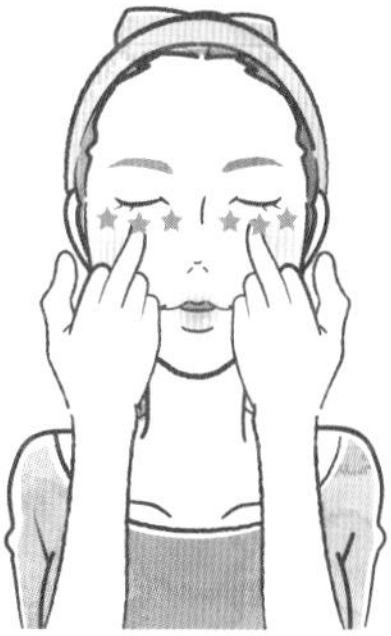

⑦ 左右の中指で目の下の骨に
沿って3か所を押す。
目頭、中央(黒目の真下)、目尻と
順番に。

⑧ 最後は手のひらで額全体を、
下から上へしっかりと引き上げる。
左から右へと、交互に一往復。

⑨ 締めは、親指から人差し指
全体を、フェイスラインの生え際に
沿って押さえる。

◀動画はこの QR コード
からアクセスできます。

＊＊＊

60歳からの自然美肌 杉田かおる

オーガニックビューティー・ライフ

2023年4月13日　初版第1刷発行

著　者　杉田かおる
発行者　二木啓孝
発行所　世界書院
〒101-0052　東京都千代田区神田小川町3-10-45
駿台中根ビル5階
電話　0120-029-936

印刷・製本・組版　精文堂印刷

ISBN978-4-7927-7928-3 C2076